Birgit Heid

Erste Schneeflocken

Haiku

Birgit Heid lebt in Landau/Pfalz und schreibt seit vielen Jahren Lyrik und Kurzprosa. Sie ist erste Vorsitzende des Literarischen Vereins der Pfalz e.V. und Mitglied der Deutschen Haiku Gesellschaft. Sie leitet eine Autoren-gruppe und organisiert Lesungen. Ihre Texte erschienen in zahlreichen Anthologien. Neun eigene Bücher.

Copyright: Birgit Heid, D-76829 Landau.
Umschlagfotos: Birgit Heid.
Herstellung und Verlag: BoD – Books on Demand, Norderstedt
ISBN 978-3-7481-5927-8

2. Auflage, Juli 2019

Haiku, das meist dreizeilige Gedicht japanischen Ursprungs, das seit dem 13. Jhd. bekannt ist, verbreitete sich vor hundert Jahren auch in Europa. Das Haiku ist geprägt von der offenen Formulierung zweier Bilder, die erst beim Lesenden zueinander finden können: als Geheimnis oder Überraschung. Die Freude an Klang und Rhythmus sowie die Entschleunigung beim Lesen dürfen ebenfalls dem Haiku innewohnen. Die paarweise Darstellung meiner Haiku mögen zusätzliche Anregungen bereit halten.

Neujahrsmorgen
die Kontur einer Höhlenmalerei

Falten
nach dem Schminkkurs kichern wir über
das magische Dreieck

Pumuckl
sie schleichen die Treppe hoch
zum Abenteuer

Sendung mit der Maus
in der Stille eines Schrebergartens
die Antwort

Nebelwald
ich ziehe meine Knie
unters Kinn

Herbstregen
auch meine Schuhe
sind löchrig

Tageswanderung
eine Pause zwischen Spielplatz
und Friedhof

Toilettenfester
in meine Gedanken
der Gesang exotischer Vögel

Mein Jahrgang
nebenan
die Keltengräber

Kreuz und Kelch
am alten Steintisch
Bier trinken

Viele Fragen
unter dem Kletterseilgarten
ein Hüpfer ins Leere

Wie viele Tage noch?
ein Waldarbeiter markiert
die Bäume

Test Test …
die Kinder werfen alle Stühle um

Schneewittchen
in der Urne singt
der Mann im Mond

Knackende Zweige
er streichelt Rapunzels Gesicht

Ölberg
die Mädchen spielen
Gefängnis

Im Fensterkreuz
die Blüte der Edelkastanie

Akazienduft
über das Efeunetz
kriecht die Nacht

lied einer meise
eine scheibe hefezopf vor dem
osterhochamt

fahrradausflug
dieses dauerhafte schweigen

Feldarbeiter
die eisige Stille
vor der Ausfahrt

In der Kolonne
ich zähle die
Kiefern

Waldschwimmbadparkplatz
weißt du noch
als wir uns Fremde waren?

Großvater??
Das Spiel der Wassertropfen
in einer Felshöhle

Mont Sainte-Odile
die Abendsonne gleitet
über den Teller

Kindheitserinnerungen
am Dämmerhimmel
die ersten Sterne

Nächtlicher Choral
der Mensch der ich
einst war

Sarkophag
der Nachtwächter beleuchtet
die Leere

Goldenes Mosaik
der Sexappeal des Mohren

Sonnenuhr
der Zeiger für den Orient
gebrochen

Waldtreppe
mir im Weg
die Ungeduld

Druidenhöhle
ein Hubschrauber sucht
den Bergwald ab

Malgré-nous …
er schenkt mir ein wild gemustertes Kleid

Windenschwärmer
dem Rätsel meiner Herkunft
auf der Spur

Struthof ein Hund bellt verzweifelt

Dichter Nebel
die Geräusche
meines Atems

Merowingergrab
das Mondlicht
zwischen den Wimpern

Mondsichel
im Verstummen einer Klangschale

Halloween
im Wald eine Gruppe
Nacktwanderer

Pastinakeneintopf
mein Sex
und deiner

Spazierweg zum Brückkanal
unsere Lebensgeschichten fahren vorbei

Kleine Schritte
wir verschieben die Entdeckung
der Schwarzachschlucht

Schlittenfahrt
immer öfter verliere ich die
      Spur

Reisegruppe
wir stecken fest im
Raumzeitkontinuum

Erstes Gänseblümchen
sie tritt das Türchen auf
im Inkubator

Geflammte Tulpenblüte
eine Runde weiter bei der
Neuro-Olympiade

Permakulturgarten
ins Brunnenplätschern
versinken

Auto r a u s c h e n
tönt   in   den
Klangschalenklang

Aprilschnee
sein Entzündungsherd
breitet sich aus

Schafskälte
die alte Wolldecke
zerfällt zu Staub

Tag des Buches
ich blättere in fremden
Angelegenheiten

Tagebucheintrag
die Eloquenz
der Stille

Freibadwetter
ich treffe einen Kollegen
kurz vor dem Aufwachen

Was ich nicht suchte
nach dem Ablegen
werde ich zur Welle

Junikäfer
zwei Hunde kläffen eine Kerze an

Rote Mondsichel
wohin führt dich
das Fernweh?

Sonnentau
die Moorwege entlangzweifeln

Zugfahrt
der Moment an dem die Erinnerung
verblasst

Nelkenteppich
dem Tatoo am Bein
fehlt ein Blütenblatt

Echinopsisblüte
wir bewegen die Schatten der Nacht

Stimmengemurmel
am Stehtisch ein junger Mann
im Kleid

Letzte Biergartengäste
im Mondschein trottet
ein Igel

Denkmalgeschützt
die Worte zwischen den
Balkonen

Prognosewerte
in seinem Dialekt
glaube ich ihm sofort

Morgensonne
seine Trittspur ist
überwuchert

Brombeerzweige
das Gartentor der Dichterin
verrammelt

Flimmernde Gräser
das Auf und Ab
ihrer Wimpern

Moorsee
ich versinke in einer Wolke
Mückenspray

Passüberquerung
ein kurzer Anstieg
der Hoffnung

Erholungsreise
die Berge die ich nicht
überwand

Erster Urlaub
ziellos
ans Meer

Strandkuhle
heute vergrabe ich
mein Vorleben

Motorradreise
nachts auf dem Autoput
schert einer aus

Busreise
eine Unbekannte
und ich

Zollhäuschen
der Greis am Stock
genießt eine Weintraube

Römerschiff
wir halten unsere Ladung fest

Ausgerahmt
vor fünfzig Jahren
der Duft der Provence

Die schönsten Astern
ein Moment der Achtsamkeit
im Dauerstau

Orchideenhaus
ich wurzele auf dir

Gedämpftes Licht
zwischen den Palmen
eine Ratte

Steppengräser
das Warten auf die
Diagnose

Nichts
die endlosen Regale
des Supermarktes

Wolkenloser Morgen
wird es noch halten
das Kofferscharnier?

Foto von der Rheinburg
das leise Klicken seines
Handgelenks

Lilienheilige
eine Gruppe Schwarzer
beginnt zu trommeln

Groß St. Martin
das verborgene Muster
der Göttin

Fachwerkhausensemble
sie sucht nach ihrem
früheren Leben

Survival camp
Jugendliche vor ihrer ersten
Yogaübung

Heuhotel
das Knistern vor seiner
Erkenntnis

Prozession
am Hexenfriedhof
das große Schweigen

Handschellen
dem Bademeister schwimmen
die Felle davon

Todesnachricht
ich besprühe das Fremdenzimmer
mit Parfüm

Ausgebrannter Schuppen
über dem Altar
leuchtet der Mond

Abends am Bahnsteig
der Wind weht
von den Akazienbäumen

Maislabyrinth
was ist, wenn man nicht
bei sich selber ankommt?

Septembersonne
aus dem Bergsee
taucht dein Lachen auf

Zwei große Fische
eintauchen in das
Buch des Meisters

Meine Hülle
Staub
aus der Ewigkeit

Herbstabend
die Schatten erreichen
das Wohnzimmer

Tag der Deutschen Einheit
auf einer Party spielen sie
Being alive

Nikolausbesuch
die G e h e i m n i s s e
meines
Lebens

Adventskranz in jedem Jahr die selben
Erinnerungen Adventskranz

Christbaumkugelspiegel
der Exfreund schreibt
von Menschlichkeit

Alle Jahre wieder …
siebzehn Mal Danke fürs
Merry-Christmas-Video

Glühweinstand
ich verbrenne mir die Finger
an dir

Adventsfeier der Frauen
drei Musiker im
Aufwind

Gänsebraten
zu Weihnachten fliegen wir
nach Afrika

Verwandtschaftsfeier
der Tisch ist gedeckt
für neues Vergessen

Schneeflöckchen ...
er sieht den
Krieg der Sterne

Festessen
die Zähigkeit der
politischen Statements

Servietten falten
ich wäre gern ein Storch

Tischgebet
an wen ich am wenigsten denke

Zwischen den Jahren
gestern noch sang ich
den Gefangenenchor

Raunacht
in der Wohnung des Freundes
kein Bild seines Vaters

Gewächshäuser
all die Steine die ich
selber warf

Japanischer Pavillon
auswandern aus der Heimat
der anderen

Kreuzwegstation
ein junger Baum im Sturm

Wolkenbruch
er erzählt von seiner
Schlaflosigkeit

Schdeckerleswald
a Schdrichlistn fär all mai
Draim

(Kiefernwald
eine Strichliste für all meine
Träume)

Eichenhain
ein Einschlaflied für seine
Reimute

Moselschleife
ein Pilger erreicht
ein anderes Ziel

Wo wir einst ankommen werden
Uferwanderung

Menhir
ich breite die Arme aus
wie sie

Ein Lagerfeuer
unter dem Geraune
meiner Ahnen

Fachwerk in Bernkastel
wie viele Momente uns
dennoch verbinden

Weinbergspfirsichlikör
die Französin spricht
von fehlenden Gästen

Schleusendurchfahrt
fast hätte ich mich
verplappert

Schöne Aussicht –
unser Grasplatz unter der
flammendroten Buche

Amphitheater
im Abgrund das Grummeln
eines Löwen

Public Viewing
sie flüstern über die schönsten
Körper

Kieselsteinlabyrinth
noch immer nicht
die Mitte gefunden

Palast von Knossos
in meiner Handtasche
ein Wollknäuel

Tanzende Spiegel
mein Gesicht
eine weiße Chrysantheme

Bonsai-Chrysantheme
der Solotanz einer weisen Frau

Kleiner Tempel
die Blütenhügel
und ich

Japanischer Garten
auf schwarzen Steinen
wird alles still

Blütenpagode
welche ist meine Göttin?

Stadtspaziergang
die Schneisen
in meinem Leben

Glockenläuten
drei Stufen hoch
zu geweihter Luft

Am Ende der Kindheit
einen Silberring für die
Muttergottes

Bootsfahrt auf dem Weiher
das Gleichgewicht finden
im Verlieren

Wellenbrecher
wohin uns das Leben
weist

Sphärenklänge die Endlosmelodie der
Kuhschellen

De oide Hoamat
ah ih woar net imma
treu

(Die alte Heimat
auch ich war nicht immer
treu)

Jubiläumsfeier
er jongliert die Ereignisse
der letzten Jahrzehnte

Fruchtfolge
ich lerne den Rhythmus von
Dankbarkeit

Gewitterabend
ein Aufschrei meiner
Gedanken

Die Schluchzer
meiner neuen Nachbarin
Räuchertee

Hufeisenschmied
knappe Worte von der Rauheit
seiner Jahre

Holzknechtausstellung
eine Klause für die
halb erfüllten Träume

Grillenkonzert
wir teilen den Atem des Alls

Nachthimmel
unsere Heiligsprechung
durch den Berg

Krähennest
ich höre die Rufe
meines Vaters

Verfangen in den Nöten
der anderen
Waldrebe

Zweite Chrysanthemenblüte
suche ein neues Wort
für Gott

Wintersonnwende
Weihrauch über dem
leeren Vogelnest

Muttergottesikone
klein werden vor
seinem Blick

Jesu gefaltete Händchen
aus der Stoffrose der Duft
von Zigarettenqualm

Marienstatue
hinter der Säule mein
„Vergin tutto amor"

Sonnenuntergang
der Traum vom zwei-gestrichenen C
verklungen

Erste Schneeflocken
das stille Rauschen
des Universums

Schneeschmelze
ich löse mich langsam

a   u   f

Mechanische Krippe sie reden über
Weltmachtkonflikte

Christbaumkugelspiegel
der Exfreund schreibt von
Menschlichkeit

Fahrscheinkontrolle
der Mond wandert
durch das Fenster

Urlaubsbeginn
in wenigen Minuten erreichen Sie ...
eine Tuschzeichnung

Passierschein …
in ihrem Bett liegen
drei Fremde

Ausweiskontrolle
sie schenkt der Flüchtlingsfrau
eine Bettdecke

Kinder im Luftschutzkeller …
das verschmitzte Lächeln
meines Vaters

Bombenabwurf
Großvater noch immer
wortlos

Die Nadelspitze
in die selbe Einstichstelle .
der Geduldsfaden ...

Trümmerfrauen
er legt das Gesangbuch
ins hinterste Eck

Judenviertel
er drückt seinen Stempel aufs Papier

Karl-Marx-Haus
Wie stehen die Aktien der Internetbank?

Übergewicht
sie stehen auf einer Seite
als das Schiff kommt

Platzregen
hinter dem Stacheldrahtzaun
ihr Freudentanz

Unter dem Mantel
der Vater schiebt das Baby
durch das Zaunloch

Grenzverletzung
seine Wunde hat sich
entzündet

Syrer am Handy
die gebrochenen Quader
einer Stadtschleuse

Funkstörung
sein Blick geht plötzlich
ins Leere

Unbegleitet
die Lehrerin fühlt sich
allein gelassen

Herbststurm
eine Hitzewelle huscht ins Haus
der Heimatlosen

Erster Schultag
der Busfahrer fragt die Schüler
nach der Route

Mein Navigationsgerät …
die Liebenswürdigkeit der Menschen
am Kehrtag

Ledige Großmutter
sie schlägt der Tochter
die Tür zu

Laubsaugerdröhnen
ein Spatz verfliegt sich ins Haus –
und verhungert

Blumenkorso
ein Schmetterling saugt an ihrem
Pyjama

Frische Tulpen
an seinem Krankenbett
frische Astern

Selbstmordattentäter
ich atme in mein Inneres

Des Kaisers neue …
an welche Lügen
glauben wir gerne?

Fernweh
sie kommt nicht mehr allein
zur Toilette

Schwiegervaters Gartenliege
beim Blick in den Himmel sieht er nur
sie

Herbstvorräte
der Gedanke dass Vater
nicht wiederkommt

Zweitausend Jahre
auf alten Gräbern
Schneeglöckchen

Schneewald
wir folgen einer Spur
roter Tropfen

Abkürzung …
das Wildschwein
fällt um

Winterlinge
meine Bitte an die
ungeborenen Enkel

Zaubernuss
bei Aschenputtel spielt sie
die Stiefschwester

Brieftaubensommer
ein Moment des Erinnerns
an seine Enkelin

Goldener Pokal
der letzte der Gedanken
bevor ich gehe

Grillrauch
er richtet sich auf
von seinem Pflegebett

Verbrennung zweiten Grades
ich trenne mich von einem Traum

Atemzug
seiner Mutter verspricht er
die Hochzeit

Motorradkorso
der Widerhall der Trauerrede
von den Felsen

Freibaderöffnung
ein kühler Schwall
von Vorwürfen

Nächster Wellengang
der letzte Badegast hält
eine Puppe im Arm

Hutbürger
ihr Geschrei gegen die jungen Kerle

Jasminsträucher
wo hielt er sich auf
zur Tatzeit?

Trauerzug
in meinem Schatzteller
Vaters Manschettenknopf

Leichenschmaus
meine heiß geliebten
Weißwürste

Alte Urlaubsbilder
von den Strapazen
des Bergsteigens

Goldpippau
nun blüht sie auf
meine Mutter

Elternwohnung
die Kerze seiner Mutter
kohlrabenschwarz

Letzte Hexe
sie kämpft noch immer
um ein Mahnmal

Geweihte Zimmerecke
das Metallkreuz
voller Schrunden

Leprosorium
wer sind heute
unsere Aussätzigen?

Bierausschank
im Stimmengewirr
ein Hitlerauftritt

Stadtbrauereihaus
im Loft keifen sie über den letzten
Rausch

Fachwerkrathaus
unter dem Weihnachtsmarktwagen
eine Bettlerin

Abschied
hinter dem Vorhang
summen sie das Martinslied

Spinnennetzrad
noch einmal möchte sie
ihre Kinder sehen

Verlassenes Nest
die Spinnfäden
im Raureif

Jahresringe
das ewige Licht
erloschen

Ihr Seufzer mein Gesicht zur Seite

Amselzwitschern
drei Männer heben
ein Grab aus

mittwinter
die spur endet
vor ihrem grab

Es treibt der Wind ...
zwischen ihren Worten
wandeln

Zugvögel
auf einen Rasthofkaffee
mit meinem Bruder

Ausgestochen
ich vermisse meine
Herzform

Geburtstag
ich suche dich im Internet
mein Sohn

Laue Suppe
die Rücklichter
verblassen

Lavendelduft
du bist eine Tagesreise
entfernt

Winterlinge
sonntags träume ich
von meinem Kind

Kleiner Raufbold
am Vatergrab ein stilles Gebet

seit tagen geht er
nicht ans handy
salbeirauch

düfte des orients
dein lachen an meiner
ohrmuschel

Vollmondsichel
im Fenster nebenan
ein Bademantel

Im Liedschatten der Nachtigall
langsam öffnet sich
ein Reißverschluss

letzter badegast
das blühende weiß
einer unterhose

Stiller Abend
der Hotelnachbar telefoniert
mit der Weinflasche

Badewannenstrudel
ich flüchte
in dein Murmeln

rosensirup ich zergehe auf deiner zunge

Finger zur Wand
die Kennenlernfragen
eine Fomalsache

Fluchtwegplan
eine Kletterwand
für Peterchens Mondfahrt

Chili con carne
es gibt nur einen Schöpfer
behauptet er

Schülerwohngruppe
einer kaut noch auf der
letzten Frage

Ende der Vorstellung
meine Fragen liegen
auf der Untertasse

Schwäne im Main
er unterschreibt den
Therapievertrag

Schneeglöckchen
im Keller findet sie
seine Liebesbriefe

Emanzipation
wir schreiben mit dem Finger
ans kochfeuchte Fenster

Gedanken an ihn
ich pikiere
Chilipflänzchen

Serielles Klavierkonzert
ihr Ex beim Sekt mit der Nächsten

Kaffeesatz
wir lesen aus unseren Gedichten

Ein Tässchen noch
zur Krimilesung eine
Kräutermischung

Deutschlandspiel
sie laufen durcheinander
die Gedanken an mein Kind

Nachspielzeit!
3 Minuten für eine
Lebensentscheidung

Parkverbot
einer schmuggelt sich
in mein Leben

Sein neuer Anzug
im Spiegelbild winkt ihm
eine andere

Burgrestaurant
wir Ritter tafeln wir
in Rüstung

Streitende Eltern
er geht zu einer
Kofferversteigerung

Feuerwerkshülse
unser Liebesnest
damals

Weihnachtsbäckerei
ich schenke ihm ein Tütchen
Sternenstaub

Alte Goldmünze
unsere Geschichte
eine Gravur

Feinunze
das Gewicht unserer Liebe
im Universum

Initiation
das Versicherungsgespräch
überstanden

Der Seitensprung
meiner Mutter
Landtagswahl

Chrysanthemenstrauß
unsere Hände im Herbststurm

Moon Light River
manchmal habe ich Angst
um ihn